Los pejesapos rayados

Grace Hansen

ANIMALES ESPELUZNANTES

Abdo Kids Jumbo es una subdivisión de Abdo Kids
abdobooks.com

abdobooks.com

Published by Abdo Kids, a division of ABDO, P.O. Box 398166, Minneapolis, Minnesota 55439.
Copyright © 2022 by Abdo Consulting Group, Inc. International copyrights reserved in all countries.
No part of this book may be reproduced in any form without written permission from the publisher.
Abdo Kids Jumbo™ is a trademark and logo of Abdo Kids.

Printed in the United States of America, North Mankato, Minnesota.

102021

012022

**THIS BOOK CONTAINS
RECYCLED MATERIALS**

Spanish Translator: Maria Puchol

Photo Credits: Alamy, BluePlanet Archive, iStock, Minden Pictures, Shutterstock

Production Contributors: Teddy Borth, Jennie Forsberg, Grace Hansen
Design Contributors: Dorothy Toth, Pakou Moua

Library of Congress Control Number: 2021939790

Publisher's Cataloging-in-Publication Data

Names: Hansen, Grace, author.

Title: Los pejesapos rayados/ by Grace Hansen

Other title: Hairy frogfish. Spanish

Description: Minneapolis, Minnesota: Abdo Kids, 2022. | Series: Animales espeluznantes | Includes
    online resources and index

Identifiers: ISBN 9781098260750 (lib.bdg.) | ISBN 9781098261313 (ebook)

Subjects: LCSH: Frogfishes--Juvenile literature. | Marine fishes--Juvenile literature. | Marine fishes--
    Behavior--Juvenile literature. | Curiosities and wonders--Juvenile literature. | Spanish language
    materials--Juvenile literature.

Classification: DDC 596.018--dc23

Contenido

El pejesapo rayado

El pejesapo rayado vive en aguas cálidas por todo el mundo. Principalmente **habitan** en aguas poco profundas. Pueden encontrarse en **arrecifes de coral**, zonas arenosas o zonas rocosas.

4

América del Norte

Europa

Asia

África

América del Sur

Oceanía

N
W E
S

■ alcance del
pejesapo rayado

5

Los pejesapo rayados parece que tienen pelo, pero no. Están recubiertos de **espinas dérmicas**. Estas espinas pueden ser largas, cortas o casi invisibles.

El pejesapo rayado es una especie de antenarido. El nombre de antenarido viene de la **espina** en forma de antena que le sale de la boca, se llama apéndice. Al final de este apéndice hay un señuelo que atrae a las **presas**.

apéndice

señuelo

9

Los pejesapo rayados pueden

ser de muchos colores.

Cambian de color para

camuflarse en su entorno.

El cuerpo de estos peces es pequeño y redondo. Pueden medir hasta 10 pulgadas de largo (25.4 cm).

Caza y alimentación

Aunque pequeños, los pejesapos son unos **temibles** cazadores. Siguen a su **presa** y la **atraen** con el señuelo. Cuando están listos para abalanzarse, lo hacen muy rápidamente.

Los pejesapo rayados pueden

abrir la boca mucho. ¡Este pez

puede succionar y tragarse una

presa del doble de su tamaño!

Crías de pejesapo rayado

Las hembras pueden poner hasta 180,000 huevos de una vez. Sueltan los huevos en el agua y el macho los **fertiliza**.

19

Cuando los huevos están listos para eclosionar, se hunden hasta el fondo del océano donde nacen. Los pejesapo rayados recién nacidos son diminutos. Se esconden entre las plantas y el coral hasta que son más grandes.

Más datos

- Los pejesapos en realidad no nadan. Usan las aletas para empujarse por el fondo marino.

- Sus señuelos parecen animales pequeños, como gusanos, son así para atraer a su **presa**.

- Los pejesapo machos son más pequeños que las hembras.

Glosario

arrecife de coral – grupo de coral que se extiende por aguas cálidas y poco profundas. El coral son diminutos animales de cuerpo blando que parecen plantas.

atraer – cautivar para cazar peces u otros animales.

espina dérmica – prolongación parecida a un pelo o pincho, que algunos animales tienen en el cuerpo.

fertilizar – capaz de producir descendencia.

habitar – vivir en un lugar.

presa – animal que es cazado para ser comido por otro animal.

temible – salvaje y peligroso.

Índice

Abdo Kids
ONLINE
FREE! ONLINE MULTIMEDIA RESOURCES

¡Visita nuestra página **abdokids.com** para tener acceso a juegos, manualidades, videos y mucho más!

Los recursos de internet están en inglés.

24

Usa este
código Abdo Kids
SHK2538
¡o escanea este
código QR!